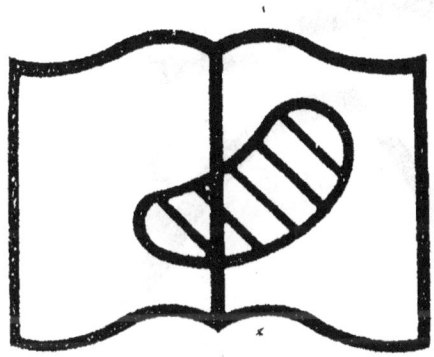

Illisibilité partielle

Contraste insuffisant
NF Z 43-120-14

Valable pour tout ou partie
du document reproduit

Couvertures supérieure et inférieure manquantes

EXPOSÉ

DU PREMIER VOLUME

DE L'INVENTAIRE-SOMMAIRE

DES

ARCHIVES DE L'OISE

Les trois Évêchés et Chapitres cathédraux
de Beauvais, Noyon et Senlis

PAR

ARMAND RENDU

Archiviste de l'Oise

BEAUVAIS

IMPRIMERIE EUGÈNE LAFFINEUR, PLACE SAINT-MICHEL

1880

EXPOSÉ

DU PREMIER VOLUME

DE L'INVENTAIRE-SOMMAIRE

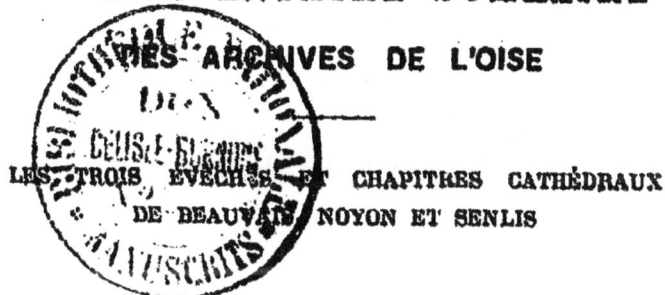

DES ARCHIVES DE L'OISE

LES TROIS ÉVÊCHÉS ET CHAPITRES CATHÉDRAUX
DE BEAUVAIS, NOYON ET SENLIS

I

Les Inventaires-Sommaires sont les volumes imprimés contenant les analyses des articles dont sont composées les Archives historiques des départements.

Cette publication s'exécute simultanément dans toute la France, sous la direction du ministère de l'intérieur, suivant la même méthode, d'après un classement uniforme, dans un format identique, et avec un égal tirage. Le nombre d'exemplaires est suffisant pour assurer l'échange entre les préfectures et les grands établissements, et satisfaire aux demandes du public.

Le cadre réglementaire a des divisions qui lui permettent de renfermer par ordre de matière les titres de toutes les institutions civiles et ecclésiastiques supprimées en 1790.

La série A contient les actes du pouvoir souverain et du domaine public; la série B les cours et juridictions; C les administrations provinciales; D l'instruction publique; E les seigneuries laïques; G. le clergé séculier; H le clergé régulier.

Ce volume de l'*Inventaire-Sommaire de l'Oise*, qui est le premier paru, comprend l'analyse des titres des trois évêchés de Beauvais, Noyon et Senlis, et de leurs trois chapitres cathédraux, formant la majeure partie de la série G, qui avec la série H, est la plus étendue et la plus considérable de nos Archives.

L'exposé des matériaux historiques du département débutant ainsi par les établissements ecclésiastiques qui ont la fondation la plus ancienne, et par cela les plus vieux documents, se développera suivant l'ordre non ministériel, il est vrai, mais rationnel, c'est-à-dire chronologique, l'histoire devant être et étant d'ordinaire présentée et étudiée par ses commencements.

La présente publication servira surtout à la connaissance de l'état géographique, ecclésiastique, agricole, économique, juridique, social du pays. Dans les fonds analysés, les actes d'administration intérieure font voir la constitution et l'organisation des évêchés et chapitres; les documents de relations extérieures, d'affaires temporelles, sont pleins de renseignements sur les divisions territoriales, les noms de lieux et de personnes, la condition de celles-ci et leurs rapports, celle des biens, leur valeur et exploitation, les mesures et les monnaies. Ces titres de plus abondent en indications sur les événements et usages locaux.

Parmi les études à faire, c'est principalement pour celle des grands établissements du clergé séculier que vaudra l'ouvrage aujourd'hui paru, et qu'il sera l'un des plus considérables de ceux qui figureront dans la collection générale des Inventaires, peu de départements comprenant dans sa circonscription, comme celui de l'Oise, trois évêchés, dont deux comtés-pairies, et trois chapitres cathédraux.

L'importance et la multiplicité des preuves pour l'histoire générale et particulière contenues en ce volume, vont être démontrées par l'énumération de ses parties et l'exposé de leur contenu.

II

Les Évêchés de Beauvais, Noyon et Senlis.

Le fonds de l'évêché de Beauvais contient 556 articles composés des actes de la juridiction et administration spirituelles et temporelles de l'évêque comte et pair.

Les documents de la juridiction spirituelle consistent en ordonnances maintenant et faisant valoir les droits et priviléges épiscopaux, interdisant aux séculiers l'entrée dans les lieux réguliers des monastères, défendant à tous prêtres étrangers de dire la messe dans les églises du diocèse sans l'autorisation épiscopale ou curiale; en propositions de statuts dans les synodes; en ordinations, permissions de célébrer mariage en temps prohibé, dispenses de consanguinité ; et tous actes d'administration sur les cures, dont le pouillé fait connaître celles à la nomination de l'évêque, leur valeur, et le nombre de communiants.

De ce pouvoir diocésain un des attributs était aussi la surveillance des établissements hospitaliers. L'exercice de ce droit produisit des titres qui donnent des éléments de connaissance sur quelques-unes des institutions charitables de Beauvais.

Le Bureau des Pauvres, fondé par acte d'assemblée des Trois-Corps, destiné d'abord à la distribution d'aumônes à domicile, puis transformé en hôpital, et augmenté de l'union des maladreries de Saint-Lazare et de Saint-Antoine-de-Marissel, de la maison des enfants de la Trinité, et pourvu successivement d'un ouvroir, d'écoles charitables, d'une maison de pénitentes, d'un vicariat, d'un dépôt de mendicité, et d'une confrérie de Saint-Joseph fondée en la chapelle érigée en démembrement des droits curiaux de la collégiale Saint-Laurent, nous offre les noms de ses bienfaiteurs, ses règlements, les obligations des administrateurs et des femmes de service, ses priviléges et exemptions, les mémoires de ses revenus, les mandements en sa faveur, ses rapports avec les autorités civiles et ecclésiastiques, et ses démêlés avec elles, dont nous voyons comme principales causes ses refus de participer aux processions, de recevoir les enfants trouvés, et d'entretenir les loges des pestiférés.

L'Hôtel-Dieu ne figure qu'avec un petit nombre de pièces, qui sont des réglements sur la direction du spirituel par le cardinal de Gesvres, des projets de cet évêque pour l'agrandissement de l'hôpital, des notes sur ses emplacements divers et constructions successives.

L'Association de bienfaisance fondée en 1789 pour assister les pauvres honteux contient dans ses titres son historique, les noms de ses membres présidés par l'évêque, ses réglements pour la tenue des assemblées et la composition d'un bureau permanent, la mention de félicitations adressées par Madame Necker avec souscription de deux louis au nom de son mari et au sien, la dissolution de l'assemblée au mois d'août, le prix du pain étant tombé à deux sous la livre, et la résolution prise par la commission directrice d'employer un reliquat en caisse à une formation d'atelier de charité.

La juridiction temporelle de l'évêque, pair de France, comte de Beauvais, vidame de Gerberoy, seigneurie possédant ses coutumes, a pour objets les plus importants, et fournissant les titres les plus nombreux, la direction de l'hôtel épiscopal, celle des travaux et monuments, la police de la ville, la voirie, la surveillance des rivières, la gestion des droits urbains et des biens ruraux. L'administration s'exerçait sur avis d'un conseil privé composé des vicaires généraux, du chantre de la cathédrale, de l'official, du promoteur, du bailli, du prévôt, du procureur, de l'avocat, du receveur, du secrétaire de l'évêché.

Les principaux documents de la gestion de l'hôtel sont les états des appointements des officiers de l'évêque et des gages de ses gens.

Les travaux et monuments dont l'exécution ou le projet, la construction ou la réparation se trouvent relatées, sont, en citant les plus considérables, le carcan ou pilori établi sur la grande place de Beauvais, auquel fut substituée une colonne tronquée, remplacée elle-même par deux obélisques ; l'érection d'une statue équestre de Louis XIV audit lieu, le remaniement des ruisseaux de la ville au même endroit et à cette occasion ; le palais et ses jardins ; les remparts de Beauvais ; la tour de Craoul ; l'hôtel de Torcy ; les châteaux de Bresles, Gerberoy, Goulancourt, forteresses du comté, réparées, et celles de Thiers, Hodenc l'Evêque, la Mothe de Sorcy, démolies ; les fontaines de Beauvais, alimentées par l'eau de Miauroy et construites au moyen d'une loterie pour les pauvres autorisée par le roi ; la caserne de la maréchaussée ; le rétablissement des linières de Bulles selon le vœu des membres du Bureau d'agriculture de Beauvais.

La police de la ville s'exerçant par un commissaire et dix agents entre lesquels la cité est répartie, s'occupe du maintien du respect des édifices du culte, de l'observation des dimanches et fêtes et du maigre pendant le carême, de la pourvoyance des enfants trouvés, de l'interdiction de la mendicité, du réglement des prisons, des épidémies, de la tenue de la ville en temps de peste, de la salubrité des rues, fabriques et maisons, des assemblées et taxes des communautés et corporations, de la surveillance de la manufacture de tapisserie, du droit d'aubaine et bâtardise, de la fixation et contrôle des poids et mesures, des monnaies, des marchés et vente de denrées, notamment du poisson de mer, de la taxe du blé et du pain, de la tenue des auberges, cafés et boutiques, de l'établissement des bordeaux, des jeux et danses, des saltimbanques et charlatans, des publications de paix et réjouissances publiques, du droit de cri public, des jeux de paume, battoir, tamis, balle, des libelles diffamatoires, des loteries, du port d'armes, de la direction du corps des pompiers, de la définition de leurs fonctions, du choix de leur uniforme, et des places de dépôt de leurs trois pompes achetées à Paris sur délibération des trois corps au milieu du xviii⁰ siècle.

Le service de la voirie a pour principales opérations l'ouverture et la fermeture des chemins, la direction des alignements, les plantations et abattages d'arbres sur les routes publiques, la pose d'enseignes portant les armes de l'évêché.

La surveillance des rivières qui sont le Thérain et l'Avelon consiste dans la réglementation de leur entretien, l'élargissement, le redressement, le curage, houage, picquage, haudragage, crocquoyage, bordage, fauchage, l'entretien, construction, démolition des relais, la prise de mesures contre les inondations, le placement des bateaux d'industrie, l'établissement de batardeaux, la plantation dans les îles, la pêche, la disposition des viviers, la pose des ponts, la visite, administration et surveillance des moulins à drap, à tan, à huile, à blé.

Les droits urbains étaient ceux de : tonlieu, forage, minage et réage, buffetiers et courtiers de vin, mouture, vente sur les rotures, halle à laine, courtiers de laine, voirie, greffe du poisson, enseignes, courtiers de draps, fromenterie, marché à volailles, poisson d'eau douce, œufs, beurre, fromage, gros bois, fagots, gerbées, foin, mesures à blé, orge, avoine, chaux, charbon de bois et terre, languoyage des porcs, etc.

A l'occasion de ces droits, et au sujet de ceux de seigneurie et de justice, les rapports des évêques avec la ville furent tantôt ceux du respect et de l'affection, témoins les réceptions solennelles faites à leur entrée, les illuminations et les feux de joie allumés lors de leurs promotions au cardinalat; tantôt ceux de l'hostilité violente, comme le montre la dévastation de l'hôtel épiscopal durant l'insurrection sous Philippe-le-Bel. Avec le chapitre cathédral, les contestations eurent lieu touchant la juridiction, et, pour citer, la prétention de celui-ci au titre de comte à moitié, la fabrication du pain, les seuils des maisons des tenanciers du chapitre, la bénédiction des abbés dans la cathédrale, le pavement de la place Saint-Pierre, le forage, le droit d'anvoire, les cierges dus par l'évêché.

La gestion des bois consiste en adjudications de taillis et balliveaux, procès-verbaux de visite et mesurage, poursuites pour délits forestiers, contestations sur les chemins, droits des riverains, nominations des agents forestiers.

Les titres concernant les terres sont des donations, ventes, échanges, baux, hommages, aveux et dénombrements, saisines, procès-verbaux d'arpentage, plans et leurs répertoires.

De tous ces biens, les recettes et dépenses sont constatées par des comptes avec mémoires et pièces à l'appui. La disposition et composition du plus ancien, de 1762, peut donner idée de celles des autres : La recette est divisée en deux chapitres : 1° Revenus de l'évêché ; 2 Recettes extraordinaires. La dépense est divisée en dix chapitres : 1° Paiements au concierge du palais épiscopal, aux marchands et ouvriers ; 2° Réparations ; 3° Exploitation des bois ; 4° Dépenses de bouche et gages des domestiques ; 5° Frais de procédure ; 6° Rentes, redevances, et charges ; 7° Pensions, gages des domestiques, mandements, aumônes; 8° Ports de lettres et menues dépenses; 9° Revenus portés en recettes et non touchés par le comptable; 10° Appointements du comptable et frais du compte. La somme totale des recettes s'élevait à 230,367 livres; celle des dépenses à 192,880 livres. A ces divers titres correspondent les mémoires à l'appui.

Le fonds de l'évêché, comte et pair, de Noyon, beaucoup moins important que le précédent, ne contient que cinquante-trois articles. Il a son inventaire rédigé au XVIIe et XVIIIe siècle. Parmi les actes de la juridiction spirituelle sont à citer des réglements et ordonnances pour les honoraires et rétributions des curés et vicaires, et les tarifs des offices dans les villes et les campagnes; pour la subsistance des maîtresses d'école, l'instruction religieuse et l'éducation des enfants. Du temporel nous avons deux dénombrements importants. Le premier de 1308 contient l'énumération des juridictions, droits et biens appartenant à l'évêché de Noyon, officialité, bailliage, prévôté de l'évêque, prévôté du châtelain de Noyon;

redevances imposées sur les boulangers, les potiers, les cordonniers, les légumes, le sel, les métiers ; les terres, fiefs et dîmes ; les charges de l'évêché, les redevances en argent, en vin, en cire, dues à la cathédrale, en blé, dues au châtelain, à l'archidiacre de Noyon, aux Mayeurs de Chiry ; les aumônes en blé faites à l'hôpital Saint-Jean, à l'hôpital Saint-Jacques, à l'abbaye de Saint-Eloi, au temple de Noyon ; les noms des hommes et femmes de corps de l'évêché. Le second de 1746 mentionne les droits de justice et de police de Noyon ; de stellage sur les grains et d'huri sur le sel ; de nomination des mesureurs et des brasseurs ; les redevances perçues sur les étaux à bouchers ; la visite dans les cures et couvents ; l'afforage ; la nomination aux offices de porteurs et déchargeurs de Pontlévêque ; les seigneuries rurales ; les redevances par les abbayes de Vermand et de Corbie, le seigneur d'Eppeville, le chapitre de Noyon ; les charges ; les redevances et pensions payées au chapitre cathédral, au trésorier, et au sous-chantre, aux cornets d'autel, aux chapelains de la première et de la deuxième portion de la gésine, aux chapelains de Saint-Maurice et de Carlepont, au « capet » du collége, à l'archidiacre, aux chanoines de la cathédrale pour le vin de Saint-Nicolas. Le chiffre total de la recette était de 2,332 livres, celui de la dépense de 2,945 livres. Les biens urbains et ruraux ne fournissent que les documents ordinaires d'administration, parmi lesquels, concernant le domaine de Lassigny, il faut noter, comme pièce intéressante pour l'archéologie, une description d'un château de l'évêque audit lieu nommé « le fort Roland, neveu de Saint-Charlemagne, roi de France. »

L'évêché de Senlis possède soixante-six articles, dont les plus considérables sont des cartulaires rédigés au XVIIe et XVIIIe siècle contenant copie de pièces depuis le XIIe siècle jusqu'au XVIIIe siècle; des registres d'insinuation d'actes ecclésiastiques, présentations, collations, prises de possessions, installations, résignations, élections, dispenses de ban, de consanguinité, de temps prohibé, et des livres d'enregistrement de tous actes de l'administration des évêques Simon Bonnet, Guillaume Petit, Nicolas et Denis Sanguin, Trudaine, Roquelaure. Comme curiosités, ce fonds offre la liste de ses évêques, un plan colorié de l'évêché du xviiie siècle, un inventaire des meubles de l'évêque Simon Bonnet de la fin du xve siècle, des hommages de fiefs avec mention de l'époque de leur acquisition, et un, entre autres, très-curieux rendu, pour la baronie de Pontarmé, au nom de Henri de Bourbon, prince de Condé; un relief de cette même terre fait en 1636 par le roi devenu au lieu et place de M. de Montmorency, seigneur de Pontarmé, et en cette qualité : « l'un des quatre barons et principaux vassaux de l'évêque de Senlis; » et un fragment d'un aveu et dénombrement de Jean Calveau mentionnant que la seigneurie de Senlis avant d'être au roi appartenait à l'évêque.

III

Le Chapitre cathédral de Beauvais.

Le Chapitre cathédral de Beauvais fournit 654 articles.

L'histoire de sa richesse est écrite dans les donations, testaments, fondations en sa faveur; celle de sa grandeur dans les concessions de ses droits et priviléges, et dans ses rapports et querelles à leur sujet avec le pouvoir civil et l'autorité diocésaine, par exemple, quant à la juridiction, le jubilé et les indulgences, l'apposition des armoiries sur les affiches, l'office divin, la bénédiction des cloches.

Pour l'exercice de sa fonction, la célébration du culte, dont le détail est révélé par les tablets, il avait organisés en lui différents services : la fabrique, la trésorerie, la chantrerie, la maîtrise des enfants de chœur.

La Fabrique contient l'historique de la Cathédrale dans ses notes sur l'état du chœur au XVIe siècle, et de ce qui restait alors à parfaire ; la situation de la flèche du transept et de la croisée menaçant ruine ; la chute de cette flèche, les opérations nécessaires pour déblayer les décombres, et la reconstruction de ladite croisée ; les indulgences accordées et les sommes prêtées pour ces travaux; les réparations au sanctuaire et à l'orgue ; le beffroi de la cité qui servait de clocher au monument. Les directeurs de l'office étaient des proviseurs, qui, avec ses revenus particuliers, pourvoyaient aux réparations de l'église, du clocher, de l'orgue, de l'horloge, au chauffage de la sacristie, au luminaire et encens, à l'achat de l'argenterie, ornements, linges et livres; aux frais des obits, saluts, sonnerie, exposition et garde des reliques, honoraires des célébrants et prédicants, organiste, souffleur, sonneurs, huissiers, suisse.

La Trésorerie avait dans ses attributions

le réglement et le paiement des distributions d'offices, de la réception et répartition de la cire, de l'acquisition du sel pour l'eau bénite, des cordes, des tablets, des aubes des enfants de chœur; l'entretien des vitres du nouvel et ancien édifice et du porche de Saint-Germer; le nettoyage des voûtes, piliers, et murailles de l'église tant du bas que du haut œuvre. Le trésorier avait l'obligation de faire moudre son blé aux moulins de l'évêché dont il était bannier; et, d'autre part, le privilége d'entrer au chœur, pour y gagner les émoluments d'assistance aux heures canoniales, sans l'habit sacerdotal, les éperons chaussés, et l'oiseau sur le poing. Cette trésorerie fut supprimée au XVIIe siècle, et ses biens partagés entre la Fabrique et le séminaire.

La Chantrerie, composée d'un chantre et de deux chanoines choristes, qui tiennent le chœur lorsque le premier porte le bâton cantoral, et la maîtrise des enfants de chœur, ne présentent que des donations, dont l'une de costumes avec description.

Les administrations susdites assuraient

le service au chœur; la communauté des chapelains, dont les attributions étaient fixées par des statuts capitulaires, s'occupait de la desserte des chapelles ayant chacune leurs propriétés, revenus, comptabilité.

La cathédrale renfermait de plus des institutions indépendantes, des confréries, de l'une desquelles, celle de Saint-Jean-l'Evangéliste, nous avons les règlements portant nominations de quatre procureurs pour gouverner les affaires de la communauté, envoi par la ville à la mort de chaque confrère du cierge et de la clochette de la confrérie, célébration chaque jour pour les membres défunts d'une messe des trépassés, élection des maîtres après le repas du jour de la Saint-Jean, et proclamation des personnes admises dans l'année, attribution à l'association de la cire provenant du luminaire des services célébrés par les confrères, et remise au trésorier de tous les autres oblations de cire faites en la chapelle de Saint-Jean-l'Evangéliste.

Outre la gestion de ses services intérieurs, le chapitre avait une part de direction du collége des Cholets, la surintendance du collége de Beauvais, l'administration des biens de l'Hôpital-Saint-Thomas des Pauvres clercs, et la surveillance de lits à l'Hôtel-Dieu.

Le collége des Cholets naquit de la fondation par le cardinal de ce nom en l'Université de Paris de seize bourses théologiennes, dont huit affectées au diocèse de Beauvais et huit à celui d'Amiens, avec création de deux grands maîtres à choisir par les chapitres cathédraux pour nommer à ces bourses, et de l'adjonction audit collége par le cardinal Le Moine de quatre bourses théologiennes et vingt bourses artiennes pour les étudiants des deux diocèses, ces dernières à la nomination d'un custode chargé de gouverner la communauté et élu par elle. Il fut réuni par arrêt du parlement de 1763, malgré sa protestation, au collége Louis-le-Grand, qui régla la situation des boursiers, et les droits des deux chapitres de nommer aux bourses théologiennes, et non artiennes, dont la vacance leur devait être notifiée, pour laquelle nomination le chapitre délégua le proviseur du collége des Cholets au bureau d'administration du collége Louis-le-Grand. Parmi les documents provenant de cet établissement sont à citer un cartulaire contenant la vie du cardinal Cholet et son testament, les nominations aux bourses, des statuts de 1415 et 1624, des procès-verbaux de visite, et des mémoires sur les abus.

Le collége de Beauvais fondé par donation du chanoine Nicolas Pastour à la ville d'un local de maison d'éducation, et de tous ses biens pour l'entretien de l'institution, et de la surintendance donnée au chapitre, érigé en collége par le cardinal de Chatillon, nous montre ses réglements, les états de son administration, de ses travaux de réparations, des appointements de ses professeurs et gages de ses gens, de ses exercices et livres.

L'Hôpital de Saint-Thomas des Pauvres Clercs, dont les fondations sont confirmées par des bulles, et qui possédait une confrérie en l'honneur de Saint-Josse, avait la destination qu'indique son intitulé. Réuni en 1383 à l'abbaye de Saint-Symphorien, il fut en 1480 annexé définitivement à la maîtrise des enfants de chœur de la cathédrale, par cette raison que, dépouillé de la majeure partie de ses revenus pendant la guerre des Anglais, il n'exerçait plus l'hospitalité, et subvenait à peine à l'entretien de ses recteurs dont le dernier avait été contraint de donner sa démission.

Les lits de l'Hôtel-Dieu, au nombre de deux dans une chambre, avaient été établis par le chanoine Jean-Ange Goujon pour les ecclésiastiques malades et nécessiteux de la ville, et particulièrement ceux de la cathédrale et même ses clercs laïques, sur la présentation du doyen et chantre. Le fondateur avait assuré l'entretien de ces lits, ainsi que la nourriture et soins de leurs pensionnaires, et leur visite chaque jour par le médecin et chirurgien de la maison, les autres n'étant vus que deux fois par semaine.

Avec le soin des susdits établissements, le chapitre avait aussi la gestion en partie des affaires municipales comme membre des

Trois-Corps. Parmi les actes qu'il accomplit en cette qualité, il faut noter des votes de subventions pour secourir les pauvres et pestiférés ; et d'exécution de travaux pour l'écoulement des eaux de Beauvais.

Les propriétés du chapitre, dont nous avons les déclarations, s'étendaient dans la ville et par tout le diocèse.

Parmi elles, les maisons canoniales étaient des biens dont le régime était particulier et réglé par les actes capitulaires. A la mort de leur possesseur, elles étaient adjugées au plus offrant parmi les chanoines, et une partie du prix était attribuée à la fondation d'un anniversaire pour le défunt; elles ne pouvaient être louées à des laïques ; leurs réparations étaient exécutées au moyen d'une portion des distributions d'avoine ; elles étaient exemptes de la juridiction épiscopale et civile ; leur justice appartenait au chanoine, qui avait son bailli propre, ayant un greffe et faisant apposition et levée des scellés, et inventaire après décès.

Le cloître était soumis à la justice du chapitre exercée par un lieutenant particulier; un autre officier capitulaire temporel était le prévôt.

Les titres des moulins et maisons urbaines sont précieux pour la topographie de Beauvais : un d'eux nous fait connaître l'emplacement et l'étendue de l'église et cimetière de Saint-Nicolas.

Les actes d'administration des biens ruraux contiennent, sous tous les rapports, les éléments de l'histoire du pays compris dans la circonscription diocésaine.

IV

Le Chapitre cathédral de Noyon

Le fonds du chapitre de Noyon, contenant six-cents-cinquante-et-un articles, est le plus nombreux des trois, à cause de la multitude de ses documents terriens concernant presque toutes les localités de la vallée de l'Oise et de ses affluents des environs de Chauny à ceux de Compiègne.

Ses droits et priviléges apparaissent dans ses rapports avec les évêques touchant la juridiction, et notamment le droit de brasserie, seigneurie des maisons où demeurent les chanoines et chapelains, justice des familiers et serviteurs des chanoines, tonlieu, seigneurie et justice du cimetière de la cathédrale, de celui de Saint-Martin de Noyon, et du cellier devant le portail de la cathédrale, droit de fouée, chariage, pacage, dans les bois de Laigue, testaments des sujets du chapitre, prise des justiciables de l'évêque, justice des familiers des chapelains de la cathédrale, justice du chapitre sur les chapelains, et son mesureur des grains.

La fabrique contient, classés par ordre de matières, les éléments de l'histoire tant du gros œuvre que des accessoires de la cathédrale depuis le commencement du xv° siècle; les devis de réparations de maçonnerie, charpenterie, et menuiserie, pour lesquelles furent données autorisations royales de quêter dans tout le royaume au xv° siècle, et au xviii°, de faire des coupes de bois extraordinaires ; des notes sur les clochers, la tour à côté du chœur, celle de l'horloge, la tour Barin, l'escalier du parvis, le pavement, les chapelles, le cloître ; la construction de l'autel à la Romaine édifié en 1755 sur les plans de Godot; les fontes, refontes, et bénédictions de cloches, les démêlés à ce sujet avec l'évêque ; les réparations à l'horloge au XVIII° siècle ; les restaurations de l'orgue, avec une liste de ses jeux au XVII° siècle ; les travaux de verrerie depuis 1425 ; les inventaires de l'argenterie ; les états et procès-verbaux de réception de reliques à partir de 1402 ; le dessin de la fiertre de 1499, avec devis de l'artiste au dos ; les états de donations, redevances, et distributions de cire depuis le XIII° siècle ; les pièces relatives aux ornements, broderies, tapisseries, livres et tous objets nécessaires au service de la cathédrale.

La trésorerie, dont le titulaire était un chanoine prébendé, qui avait sa maison chef-lieu, possédait pour principales attributions la réception des redevances de cire, la distribution des cierges, la collation du logement du revêturier (sacristain), le paiement de ses gages, la direction de la clocquemanderie, service des sonneurs fondé en 1185, la réglementation de leurs fonctions, la fixation et distribution de leurs appointements, la collation de leur office.

La sous-trésorerie fut supprimée par bulle de 1436, le sous-trésorier ayant donné tous ses biens au chapitre, à condition de recevoir une rente de vingt livres parisis, d'être déchargé de la garde des objets du culte, et obligé seulement dans les fêtes de présenter les batons au chapitre et au sous-chantre, et au doyen ou semainier à la messe et aux vêpres, et de faire les dernières lectures.

La maîtrise des enfants de chœur offre dans ses titres l'état de ses dotations, les statuts pour les devoirs du maître et des enfants, le reglement de leur journée, le taux de leurs appointements.

La communauté des chapelains avait pour charge la célébration du culte dans les chapelles.

L'aumône du cloître était le service de distributions charitables aux pauvres de la ville et des campagnes.

La cathédrale renfermait une confrérie, celle des joies, fondée en 1696, et supprimée par décret de l'évêque Charles de Broglie, rendu malgré l'opposition du chapitre, et confirmé par lettres patentes de Louis XV, ledit décret affectant les biens et revenus de la confrérie à la dotation des écoles de charité de Noyon.

Au dehors, le chapitre avait la gestion du collége des Capettes fondé en 1294 par le chanoine Robert Lefèvre en faveur des pauvres écoliers au nombre de huit, dont sept à la nomination dudit chapitre, et un à celle du marquis de Nesle, dont l'enseignement fut confié en 1683 aux chanoines réguliers de Saint-Augustin, et réuni en 1684 par arrêt du Conseil d'Etat à l'abbaye de Saint-Barthélemy, sur la demande de l'évêque et de la municipalité, et malgré l'opposition du chapitre, qui dut se soumettre, et partager avec l'abbé de Sainte-Geneviève la direction de l'établissement.

Son action extérieure s'étendait en même temps sur les Béguines dont il avait la nomination avec l'administration temporelle, sous réserve de confirmation par l'évêque à qui appartenait la juridiction spirituelle. Il avait en même temps la seigneurie et justice de l'hôpital de la Gésine, et l'administration de ceux des Pauvres Clercs, et des Capettes.

Les documents généraux de sa juridiction spirituelle et temporelle consistent en confirmations, consultations, procès, accords avec les pouvoirs locaux; ses actes d'administration, comme tous les titres de ce genre, sont des contrats de droit féodal et civil, et des plans, parmi lesquels il faut citer, comme précieux pour l'histoire de l'art, un plan colorié de la Potière Pesée avec figures d'arbres et d'édifices.

Le cartulaire du chapitre de Noyon, la pièce la plus précieuse des archives de l'Oise, écrit au xiii° siècle, composé de 355 feuillets contenant copie de plus de 500 chartes, dont les plus vieilles sont des diplômes carlovingiens, est plein de preuves en général sur l'histoire du pays à partir du ix° siècle et particulièrement sur l'organisation capitulaire; la constitution de la commune et ses démêlés avec l'évêché et le chapitre; l'union des évêchés de

Noyon et de Tournay; la querelle du premier touchant l'obédience avec les collégiales de Saint-Quentin et de Saint-Fursy de Péronne. Ce volume est tellement important que toutes ses pièces ont été analysées.

V

Le Chapitre cathédral de Senlis.

Le fonds du chapitre cathédral de Senlis, contenant trois cent soixante-sept articles, est le plus propre, par la nature de ses documents, à faire connaître l'organisation et la vie d'une communauté capitulaire ; la constitution et les priviléges de l'institution ; les droits et devoirs de ses chanoines ; la célébration de son culte ; ses offices, ses dignitaires et employés ; les droits du corps sur ses membres ; la direction de ses bénéfices ; son rôle dans les assemblées ecclésiastiques ; son rang social par rapport à l'autorité épiscopale et au pouvoir civil.

Les priviléges du chapitre sont écrits

dans les bulles des papes, les ordonnances des évêques, les diplômes des rois, et leurs lettres de garde gardienne.

Les devoirs et droits des chanoines étaient la réception de l'ordre, le serment d'observation de la règle, la résidence, l'assistance, le port des vêtements sacerdotaux, le droit de vétérance, la pension d'études à Paris, la part prise aux délibérations capitulaires, aux fruits des prébendes et aux distributions. Les semiprébendés n'avaient pas entrée ni voix au Chapitre, ni intervention dans ses actes.

Les offices étaient ceux du doyen, grand-chantre, sous-chantre, archidiacre, théologal, official, promoteur, bailli, procureur fiscal, organiste, sonneurs, marguilliers, maître des enfants de chœur, dont les priviléges et charges faisaient l'objet de fréquentes contestations entre les titulaires et le Chapitre.

La célébration du culte apparaît reconstituée dans les dispositions des fondations en série depuis le XII° siècle, les règlements sur le bréviaire, le cérémonial, le luminaire, les convois, les prédications, les processions, les messes et heures à dire aux autels du chœur et des chapelles par les chanoines et la communauté des chapelains, dont la condition était réglée par le Chapitre.

La juridiction du Chapitre sur ses membres et employés a pour documents les registres et minutes du greffe de l'officialité contenant les accusations, instructions, enquêtes, interrogatoires, condamnations de tous crimes et délits de droit canonique ou commun, sorcellerie, cohabitation avec des femmes, exercice du commerce, meurtre, blessures, coups, vol, escroquerie, viol, adultère, scandale, tapage nocturne, ivresse publique, lacération d'affiches d'excommunication. Pour les actes tombant sous le coup de la loi canonique, les peines étaient celles de l'excommunication, l'interdit, la suspense, l'incarcération, l'amende, la privation des émoluments. Les titres de ce tribunal donnent le tableau de l'état moral du clergé dans les derniers siècles de l'ancien régime.

La justice temporelle du Chapitre dans la

cathédrale, le cloître, les maisons canoniales, était seulement la moyenne et la basse : la haute appartenait au roi. Parmi les actes punis, commis par des laïques ou des clercs, nous voyons des vols dans les armoires et les troncs de la cathédrale, les greniers du chapitre, et ses maisons ; des voies de fait, injures, menaces en le cloître, où le bailliage capitulaire faisait respecter le repos du dimanche, interdisait la musique d'instruments la nuit, et s'opposait à l'introduction et séjour des locataires de mauvaise vie logés dans les maisons canoniales, qu'il faisait inspecter, visiter par des architectes, et dans lesquelles, à la mort des chanoines, il apposait et levait les scellés, rédigeait les inventaires estimatifs des meubles des défunts et procédait à leur vente aux enchères.

Les actes de la direction des cures, et des chapelles sont les présentations, nominations, démissions, permutations, procès-verbaux de prise de possession, de visite, et d'enquête.

Le rôle du Chapitre dans les assemblées

ecclésiastiques du diocèse réunies à fin de voter les décimes et autres taxes pour dons accordés au roi, est écrit dans la présentation des états de ses revenus, ses demandes et complaintes, les délibérations des réunions, les répartitions des impositions.

Son rang social, son importance et sa grandeur locale sont marqués dans ses rapports et procès avec l'évêque au sujet des priviléges, droit d'excommunication, de faire cesser les sonneries de toute église, d'empêcher les ecclésiastiques de prêcher dans la cathédrale ou autre église ; des processions et prières publiques ; de l'ordonnance du jubilé, de la résidence des chanoines, de leurs testaments ; de la marguillerie, fabrique, fonte des cloches et démissoires ; — avec la communauté des curés quant aux fonctions curiales, offrandes, rituel, administration des sacrements, figuration dans les assemblées du clergé ; — avec l'abbaye de Saint-Vincent relativement à l'annate, la prébende, le droit de chappe, la mouture, les hotes ; — avec le couvent des Carmes et les paroisses de la ville, pour les processions, offrandes, dîmes, et portions congrues. Les démêlés avec la commune, constatés dès le XIIIe siècle par des chartes importantes, furent relatifs aux limites de la juridiction, au tonlieu, condition des personnes, biens, et transactions dans le cloître ; exemption de réparation aux remparts et de logement des gens de guerre, ventes et saisines des immeubles ou rentes achetés à Senlis sur la circonscription des paroisses et de la cencive du Chapitre, droit d'aubaine, minage, forage, roage, vinage, dîmes. procédure quant au cens et surcens non payés par les citoyens de la commune, nomination et révocation du principal du collége.

Les documents du fonds intéressants pour l'archéologie sont des notes sur les bâtiments épiscopaux et capitulaires, les cloches, l'orgue, l'argenterie ; les lettres patentes faisant don pendant six ans au chapitre pour les réparations de la cathédrale, après l'incendie de 1504, d'un denier sur chaque minot, quart ou quintal de sel vendus dans tous les greniers du royaume ; et celles de 1784 autorisant l'emprunt de 40,000 livres pour réparations et décorations consistant en confection de grilles, remplacement des stalles et chaires épiscopales, établissement de deux chapelles à l'entrée du chœur, revêtements et pavements de marbre.

Les liasses des biens ruraux et urbains fournissent les actes ordinaires de propriété et d'administration.

Les pièces disparues de ce fonds peuvent être en partie remplacées par les cotes d'un magnifique inventaire analytique en quatorze volumes, écrit au siècle dernier par les chanoines, et dont le cadre a été suivi pour la rédaction du travail actuel.

BEAUVAIS. — IMPRIMERIE E. LAFFINEUR